우리 시대 현대시조 100인선 27

쑥뿌리 사설

박재두

태학사

우리 시대 현대시조 100인선 27

쑥뿌리 사설

초판 인쇄 2004년 11월 27일 • 초판 발행 2004년 11월 30일 • 지은이 박재두 • 펴낸이 지현구 • 펴낸곳 태학사 • 주소 서울시 서초구 서초2동 1357-42 • 전화 (02) 584-1740(代) • 팩스 (02) 584-1730 • e-mail thaehak4@chollian.net • http://www.thaehak4.com • 등록 제22-1455호

ISBN 89-7626-942-X   04810 • ISBN 89-7626-507-6 (세트)

ⓒ 박재두, 2004
값 5,000 원

☞ 저자와의 협의하에 인지를 생략합니다.
☞ 파본은 구입한 곳이나 본사에서 바꾸어 드립니다.

진양호에서 (1975)

성파시조문학상을 받고 부인과 함께 (1987)

제1회 이호우시조문학상 시상식장에서 (1992)

한산대첩제전 백일장 심사를 마치고 한산도 제승당 앞에서 (왼쪽부터 필자, 서벌, 한 사람 건너 청마 유치환, 정진업)

차례

제1부 서정의 철새

강(江)이 혼자 잠깨어	13
그래, 알것다	14
가을 뜨락에서	15
돌멩이 한 알 주워	16
고향 갔다가	17
서정의 철새	18
쑥뿌리 사설·1	19
쑥뿌리 사설·2	20
사람 일기	21
참솔 생즙을 마시고	22
낯선 이웃	24
어린 손자, 손가락을 빨아	25
누구였더라?(誰何)	27
가을비 그친 숲에서	29
수풀에 서리 내려	31
오늘 흐리고, 내일……	33
녹차빛 귀로(歸路)	34
자책(自責)의 먼지	35

별이 있어서	36
엉겅퀴 꽃으로	37
목련	38
월동준비	39

제2부 꽃, 그 달변(達辯)의 유혹(誘惑)

개화기(開化期)의 시(詩)	43
모래밭에서	45
꽃은 지고	46
봄 언덕을 보며	47
노고지리가	48
민들레처럼	49
섬을 보다가	50
낮잠	51
꽃은 만발하여	52
가랑잎에 묻혀 서다	53
잠버릇	54
꿈과 현실	55

바람 없는 날	56
캄캄한 낮	57
돝섬을 보다가	58
민주화로 오는 봄	59
포장집에서	61
아무 일 없는 날	62
쑥물 드는 신록	64
한겨울 따뜻한 날	65
때 아닌 구름	67
어진 산	69
밤, 파도소리	70

제3부 사향산제(思鄕散題)

파도	75
섬을 보고	76
갈매기	77
가는 봄	78
다도해를 지나면서	79

육자배기	80
월광곡	81
화병	82
미루나무 한 그루가	83
찔레꽃 산조(散調)	84
갯마을 풍경	85
포도알 산조(散調)	86
노을	88
꽃피는 날	89
꽃의 묵시	90
어떤 내란	91
꽃과 찬양대·1	92
꽃과 찬양대·2	93
동백꽃이 피는 뜻	94
음악	95
꽃밭의 모반(謀反)	96
산이 뇌인다	97
보리 누름에	98
늪의 뇌임	99
풀밭에서	100

들풀같이 101

제4부 이런 역사(役事)

빈 수레 105
매화 눈 뜬다 106
거미에게 107
매화, 아파라 108
이런 역사(役事)·1 109
이런 역사(役事)·2 110
이런 역사(役事)·3 111
화살은 날아 113
어떤 가난 114
우수절의 시 115
서리 내릴 즈음 116
어느 날 서경(敍景) 117
바람에 실린 구름 118
여울물에 119
바람결에 120

난류(暖流)	121
물소리	122
밤 바다에서	123
바다는 잠결에도	124
구름결에	125
연밭 가에서	126
운학문매병(雲鶴文梅甁)	127
꽃 깨우는 바람	128
오월 한낮에	129
오월 아침에	130
국화를 심어놓고	131

해설 묘사와 변주의 탁월한 구경(究竟) · 김선태 133
박재두 연보 161
참고문헌 163

제1부 서정의 철새

강(江)이 혼자 잠깨어

누구보다 먼저 일어난 강이 혼자 잠깨어
내 단잠의 성밖을 맨발로 돌아가며
꿈길을 환히 다듬어 길을 내고 있느니…….

「깨어 있으라, 깨어 있으라」하고
돌로 굳어 앉은 옆구리 집적이어
씻어도 맑게 씻어도 안개 서리는 눈동자.

한삼동 뜬눈으로 밝히고 살아나면
얼음 밑에 미나리 새순 같은 생각 하나
꼼지락 꼼지락 떨고 기동이나 할란가.

햇살도 고른 올만 솎아다 접붙이고
잠귀밝은 꽃나무 뒷줄에다 홈대를 놓아
한밤중 불꽃 터지듯 꽃 차일을 둘러라.

그래, 알것다

『그래, 그래, 그래』 소리도 기척도 없이
가랑비 옷 젖듯 몰래 드는 번민까지
그렇다 봄날 눈 삭듯 삭이고 살 만한 것을……

『알것다, 오냐, 오냐』 말썽도 어리광 쯤
보채고 칭얼대는 어린 놈 잠재우듯
함박눈 내려 쌓이듯 덮어두고 살 만한 일…….

가을 뜨락에서

1
가난을 섞어 들면 찬물에도 맛이 든다.
몇 차례 헛기침으로 한 끼쯤 건너뛰자
흥부네, 심술 말고도 따로 살맛 있거니…….

찬물로 씻은 듯이 말간 마당가에
이 빠진 장독 한 개 그 옆에 그린 듯 꽂힌
새빨간 맨드라미로 손 흔들고 섰을라.

2
우러러 높은 뜻도 절로 깨칠듯하고
"그렇다" 바람결에도 고개 끄덕여지는
이렇게 넉넉한 날을 진작 몰랐었던고.

가진 것 없이 머리 둘 하늘은 있고
등성이마다 흘러내리는 넉넉한 빛깔 하며
황금빛 햇살만으로도 만석군이 안 부럽다.

돌멩이 한 알 주워

일 없이 지나는 구름 옷자락이나 비치우는
개울을 끼고 앉은 수양버들 한 그루가
기름진 머리를 풀고 귀를 기울이던 곳.

실바람이 명주실처럼 감기는 참대밭 머리
떨어진 돌멩이 한 알 진주처럼 주워들고
가만히 볼을 부비고, 속삭여도 보다가…….

내 이름 석자 손톱 찍어 새겨 넣고
풀잎이 잎맥 새기듯 감쪽같이 적어놓고
둥지에 알을 떨구듯 숨겨두고 왔으니…….

먼 훗날 그 나라에 소리없이 봄비는 내려
꽃은 또 숯불처럼 빨갛게 달아오르면
봄언덕 풀포기 벌듯 깨어나길 빌었다.

고향 갔다가

"이제 오느냐!" 고 손목 잡는 이도 없고
길섶 제비꽃도 고개 숙여 숨어 앉는데
알 듯한
구름송이도
먼 산 밖을 둘러 간다.

그을린 살갗빛이 소말리아 난민같은
흰청이 많은 눈으로 멀건히 쏘아보는
사륙촌
닮은 어린이
알아보지 못한다.

서정의 철새

겨울이면 싸느랗게 식은 바람 다시 살아나
떠나고 싶어질거야. 남해안 작은 항구로,
한 삼동(三冬) 다 지나도록 눈발 한 점 날리지 않는

문득 내려서서 서성이는 발 앞에
멀리서 다가와 손목 잡는 사람 있을까
막혔던 안부도 묻는 그런 사람 있을까

어두워 오는 목로에 마주앉아
도수 낮은 소주로 마른 목 자주 축이며
흘러간 옛 생각하며 간혹 눈을 감으며

방축에 녹은 불빛 바닷물 넘겨다보며
지나간 아픈 기억을 소리 낮춰 이야기하다가
어쩌다 떨꺽 멈추면 눈 마주 건너다보며

바람결에 끊어진 빛바랜 유행가 한곡조
하모니카 소리와 함께 이어지기를
고개를 가로 누이고 말없이 기다리리.

쑥뿌리 사설 · 1

죽으로 콩깨묵으로 보릿고개 넘기는
머리에 먹물 들어 말깨나 하는 것들
장딴지 힘살 불거진 뚝심깨나 쓰는 놈들

3·1 만세 부르다 잡아 가둔 얼음 밑에서
그 길로 숨이 끊어져 다 삭은 줄 믿었더니
저 독한 조선 쑥뿌리 고스란히 살았고나.

누렇게 뜬 낯가죽 퀭한 눈만 붙었던 고것들이 햇볕 한 올 들지 않는 굴속에서 어떻게 숨이 붙었나? 마늘즙 울 귀먹고 화신하던 웅녀의 선약 훔쳐 먹었는지, 등에 붙고 간에 붙는 야행성 찰거머리 가마째 고아 먹었는지 고개를 민다. 얼어 철갑 두꺼운 땅거죽 밑으로 가로세로 동서남북 사면팔방 뒤져 먹고 살오른 두더지 통통한 물 머금은 실뿌리 들자락 산자락에 산발적으로 시위를 한다.

"고것참, 씨도 손 하나도 없이 다 삭을 줄 알았더니."

쑥뿌리 사설 · 2

배배 꼬인 다리 헝클어진 실타래
오그린 무릎 겹겹이 개고 붙어 앉아
돌멩이 이불을 덮고 죽은 듯이 누웠다.

하루살이 날개만 스쳐도 쑤셔놓은 벌집 윙윙 바람개비 돌려 녹화되고 굴러가는 벌레소리까지 족집게로 찍어 녹음하는 도청 장치 둘레 8백 리에 뻗친 산맥을 떠받친 암반 밑 개미집 청사진 떠서 밀실 차린 땅굴 속, 무쇠 솥뚜껑 씌워 눌러 덮은 극비문서, 집식군들 믿을 것가 은하계 안쪽에는 움직이는 좁쌀 낟도 하나 낱낱이 체크되는 고성능 최첨단 초고밀도 컴퓨터, 첩첩 위장막을 덮고 또 덮어도 한 점 봄 입김만 스치면 초록불꽃 터뜨릴 활화산 하나 환약으로 말아 쥐고 눈치만 살피는 뇌관 하나 구비구비 돌아든 밀실 바람 막고 구름 눈감기고 귀신같이 숨어들어 명경알 같이 꿰뚫어 보고 귀 덮어도

말이야 바른 말이다. 감춘다고 모를 것가.

사람 일기

일어나면 잠깐 하루 일을 생각하고
저물면 돌아와서 발 씻고 자리에 든다.
땀 흘려 품삯 가지고 세 끼 걱정 않으니…….

오욕칠정(五慾七情)이 얽혀 말을 아는 짐승이니.
더러 알고도 속고 알맞게 눈감아준다.
난대로 던져 두어도 백년이 기약 없는 것.

저지른 일 제가 알거니 눈물 짜는 회개(悔改)도 부질없고
두 손 모아 비비며 빌붙을 일 있으랴
날 새면 밝은 볕 아래 딴 살림을 차리랴!

턱밑까지 찬 검은 야욕(野慾) 매달려 꾸미고
입으로 지은 하늘에 눈물 흘려 감추고
속으로 이를 갈면서 혀끝에 감기는 달콤한 말.

참솔 생즙을 마시고

순환기 장애에는 솔잎이 좋더라니
이른 아침 일어나 솔잎을 짜서 마신다.
새파란 사시상청(四時常靑)을, 초록빛을 마신다.

밝은 별 맑은 공기 모아 피운 엽록소
꼬이고 비틀린 오장육부 따라 돌며
메마른 혈관 씻으며 속 시원히 물 흐르듯 흘러라.

맡은 일 갈피 못 잡아 망설이는 지지부진
요모조모 눈치 살피느라 때 넘기는 우유부단
산뜻이 씻은 맑은 정신 새로 입혀 주려나.

잠깐 실수에도 숙인 고개 못 들고
서 푼 돈 달콤한 말에 깜박 넘어가는
그 유혹 선뜻 물리칠 자존심 찾아다오.

살짝 족보 들치면 오금 못 편 그 가난에
천(淺)한 피의 족보(族譜) 꾸겨 던진 내 오기도

꼿꼿한 바늘잎(針葉)같이 날 일으켜 세우려나.

대지 거뜬히 박차고 저 초원 종횡무진 내달려도
붙잡힐 허점의 고삐 하나 달지 말고
야생마(野生馬) 든든한 다리 찾아줄 순 없겠니?

여나믄살 모래밭에 끝없이 쌓아가던
꿈의 만리성이며 영롱하던 무지개를
예순줄 흐린 눈앞에 안개 걷고 펼쳐다오.

낯선 이웃

30년 넘게 살아
뻗치면 닿는 담 안

눈 코 입 그대론데
어딘지 낯이 설다

밤사이
외계서 왔나
목소리도 귀에 설다

잠시 잡았던 손엔
체온 아직 남았는데

어느새 천리도 넘는
강물이 가로놓여

건너편
언덕에 서서
손 흔들고 있구나.

어린 손자, 손가락을 빨아

어른들 공출 달리러 넘어간 산모롱이
진달래 불길은 타고
황톳길 봄도 타고

가파른 보릿고개를
빈 손 빨며 넘었더란다

콩깻묵 웁쌀 얹어 찰기 없는 옥수수밥
돌아서면 허기져 손가락 입에 물고

진달래
꽃빛을 빨며
뻐꾸기 소리 배를 채우고……

피는 못 속이던가
반세기 아득한 저편
응어리진 식민의 피
그마저 내림인지

네 아비
한 대(代)를 건너 손가락을 빨다니

말리는 눈치는 빨라 할미 등에 붙어 선다
징용 피해 짚동 속에 숨어 지낸
네 증조부.

나뭇단
바람 닿는 소리
가슴 조였다더니

그날 밤 이마 위에 바늘끝으로 뻗치던
얼어 파랗게 질린
별빛 닮은 네 눈동자

떨면서
엎드려 새운 모습까지
쏘옥 빼다니

누구였더라?(誰何)

출근길 노상에서 뜻 아니 마주친 눈길
어디선지 낯익은 얼굴
끌리듯 다가섰다.
내밀어 손을 맞잡고
수인사를 나누고

잠깐
힘준 손을 따라
체온이 교류된다
어느 할아버지 때
갈라져간 살붙이로
흩어져 다른 산밑에
터를 잡고 살았던가.

거슬러 가면 아마 스무 촌 안쪽일 걸
모처럼 핏줄이 닿자 별이 쨍강 부딪쳤을까

바깥채

새벽잠 깨신
할아버지 기침소리

저간의 안부를 묻고
근황을 알려주고
서둘러 서로 다른 길
헤어져 돌아서서
밀리는
인파 속으로 섞여 가고 있었다.

가을비 그친 숲에서

이미 등돌리고 떠난
민심 돌아설 것가
'끝까지 지키다가 이 땅에 뼈를 묻자'고

날아와
고막을 때리던
가두방송도 멎었다.

요요히 휩쓸던 불길 제풀에 식어지고
타던 앙상한 기둥 몇 그을리다 남아 섰고

사방에
나 붉거지는
비리의 검은 너설

흩뿌린 전단(專單) 바람에 몰려 뒹굴고
골목마다 나붙어 눈망울 부라리던

포고문
갈갈이 찢겨
어지러이 밟힌다

수풀에 서리 내려

또 무슨 사정(司正)의 바람이 불었는지
스쳐만가도
무너지는 추풍낙엽(秋風落葉)

소롯이
뼈만 남는다.
눈이 부신 백소금

한 고을 쩌렁쩌렁 울리던
허울뿐인 문무양반(文武兩班)
거슬러 팔대조(八代祖)까지 샅샅이 까뒤집어

천한 피
종문서까지
다 파헤쳐 놓는다.

이제는 거덜난 가문(家門) 앞문 뒷문 다 열어 놓고
빛바랜 지폐 뭉치 풀어 흩날리며

'영욕(榮辱)'은
다 훝고서
여윈 손을 흔든다

오늘 흐리고, 내일……

오늘 하루해도 무사히 넘기는가
낮게 드리운 구름에 눌린 우울은 미결(未決)로 덮고
한 발짝 앞을 모르는 내일을 보류(保留)하고

무겁게 옮겨놓는 허전한 등줄기엔
거리에 넘쳐 흐르는 경음악이 실려가고
일몰 전 일찍 술취한 쉰 목소리가 실려가고

세 식구 기대를 맨 기울어진 어깨에는
무력한 가장의 후줄근한 변명에다
오십대 뼈다귀만 남은 오기마저 걸치고

내일 날씨는 좀 맑아질 것인가.
어디서 가슴 후련한 바람이나 불었으면
헝클린 머리를 들어 하늘 쳐다보았다.

녹차빛 귀로(歸路)

어질린 서류를 걷고 일어서는 창머리
가만히 하루를 닫으려던 노을이 걸려
은밀히 할 말 남은 듯 한참 머뭇거린다

길모퉁이에 기대선 찻집에 들어서서
녹차 한 잔 불러놓고 소파에 몸을 묻으면
앞서 온 몇 분 손님도 따로 앉아 말이 없다.

날라온 찻잔에 녹은 오늘은 맑은 연두빛
감싸쥔 잔은 아직 살결이 따뜻하다
한 모금 목을 축이면 설탕처럼 풀리는 피로

건너 옥탑 끝에 남아 떨던 노을이 지면
참새 서너 마리 휘돌고는 날아간다
개운한 깨소금맛의 낱말 몇 점 떨구고……

자책(自責)의 먼지

퇴근길 만원버스 어렵게 타고 보지만
암반 같은 등짝에 밀려 다리는 휘청거리고
마른 입 굳게 다물고 흔들리며 왔거니

눈 내리깔고 앉아 조는 젊은이와
창변에 고개 돌리고 생각에 잠긴 소녀
무릎을 덮은 신문지 장유(長幼)마저 가렸나

'얼마를 더 가면 생길까? 빈자리는'
막아 선 방어벽인 손님들 어깨 너머로
행여나 행여나 하고 곁눈질로 살폈다.

돌아와 현관 앞에서 호주머니를 털면
몇 번을 넣고 꺼내 모가 닳은 승차권 몇 장
실없는 자책의 먼지 뽀오얗게 날린다

별이 있어서

연줄 멕일 사금파리 찧고 빻은 가루별이
서둘다 발이 걸려 하늘에 쏟은 별이
한뎃잠 머리 위에도 사금파리 빛나던 별이

가난한 지붕머리 지켜주는 밤이 있어서
별 사이를 누비며 날으는 꿈이 있어서
눈물 속 하늘에 뜨는 행복이 있어서

엉겅퀴 꽃으로

한 오십 년 걸러 한 번쯤이라도
가시 막아 유혹에 엉겅퀴로 돋아나서
자주꽃
머리에 이고
다리 휘도록 섰더라면

손톱 찍을 자리도 없는
단단한 슬픔의 벽
입석으로라도 비집고 들어가서
실뿌리
바래지도록
까치발로 서봤으면

목련

차마 미치지 못한 思慕도 속된 業報
살아 한되는 목숨 오늘 가도 그만인데
눈감고 못 거둘 숨결 풀어 피는 목련꽃

숨 닿을 거리 밖에 돌아누운 어둔 산맥
넘나드는 바람결에 억새꽃은 길로 자라도
해마다 눈뜨는 향수 더해 가는 나이테

이리 성하지 못한 年代에 발을 짚어
새벽 連峰에 무지개로 올릴 기약
한 하늘 원통한 강산 숨어지는 목련꽃

월동준비

늦가을 바람 없는 날
겨울맞이 전정(剪定)을 했다.
회를 치는 눈보라에 흔들릴 가지들은
적당한 죄목(罪目)을 붙여
가윗날을 대었다.

얇은 인정에도 때없이 흔들리고
유혹의 바람 앞에 휘어지는 잔가지를
눈감고 벌을 내렸다.
아픈 살을 잘랐다.

숫자란 그늘에 묻혀 숨죽이고 숨어 지낸
누렇게 시든 선의의 곧은 뼈대.
포근한 볕살이 닿고
바람도 좀 들게 하고……

찌든 매연 산성비도 거뜬히 걸러내고
사정의 회오리에도

눈썹 하나 까딱 않을
두둑한 배짱을 지닌
덩치 하나 남겼다.

제2부 꽃, 그 달변(達辯)의 유혹(誘惑)

개화기(開化期)의 시(詩)

1. 꽃필 무렵
꽃 트는 사랑 트는
꿈자리는 꽃밭머리

숨가뻐 이불 펴는
봄밤은 만리(萬里) 강(江)물

별빛도 고개 돌리고
눈을 감은 달무리

2. 꽃핀 날에
어여뻐 몸을 풀고
말문 트인 꽃나무야

너 달변(達辯)의 유혹(誘惑)
내 귀는 어둡단다

땀 절은 속옷을 들고
탈춤이나 줄까부다.

3. 다시 꽃핀 날에
반눈이나 붙였던 잠을
황홀히 놀라 깨면

헐리고 도둑 맞고
찬바람 부는 벌판

희멀건 하늘 서럽다
바보처럼 웃는 꽃

모래밭에서

우리 무엇으로 남기를 바랄 것가
모래밭 모래알 같이 부끄러운 이승 허물을
목숨이 모질다기로 모두 덜고 가는가

어느 마디를 짚어도 지금은 맥이 뛰고
자신은 머리카락 뿌리마다 절어있지만
깨달아 산다손 쳐도 몇 천년을 사는가.

귀먹은 바위를 쪼아 비석 새겨 세운단들
섞어친 비바람에 흙먼지로 흩어지면
뜨거운 노랜들 어찌 만리성을 쌓으랴

머물다 떠난 자리에는
한 그루 꽃나무나 심어 다오.
꽃은 되살아 해마다 어우러져
은밀히 뿌리는 향기 억만 년을 가리니⋯⋯

꽃은 지고

아홉 겹 성곽을 헐고 열 두 대문 빗장을 따고
바람같이 질러 닿은 맨 마지막 섬돌 앞
뼈끝을 저미는 바람, 추워라. 봄도 추워라.

용마루 기왓골을 타고 내리던 호령소리
대들보 쩌렁쩌렁 흔들던 기침소리
한 왕조 저문 그늘이 무릎까지 덮는다.

다시, 눈을 닦고 보아라. 보이는가
칼놀음. 번개 치던 칼놀음에 흩어진 깃발
발길에 와서 걸리는 어지러운 뻐꾸기 울음.

봄 언덕을 보며

터진 무릎팍, 황토언덕 드러난 살점
배꽃은 해숫병 하얀 기침을 쏟아내고
붕대 밖으로 배어난 복사꽃은 선지빛

세 끼 건너기에 매품이나 들러 가던
처진 어깨죽지 퍼렇게 주저앉은
가난도 달게 삼키던 떫디떫은 홍부의 피여

뒤집어 땟자국마저 씻어낸 창자 속에
쑥잎은 새로 돋아 시퍼렇게 번져 가고
이 봄도 살 속 어디서 회초리를 날리나

노고지리가

부황들어 황금사태 쏟아진 보리밭에
다칠듯 어지러이 날아 오른 돌팔매
천지가 안개 속이다. 쏟아지는 욕찌거리다.

톱밥 씹는 상전님 잔소리에 다 닳았다.
온통 방정맞은 혓바닥 탓이었다.
"지지리 못난 바보야!" 오장육부를 뒤집는다

"죽었나? 죽어 지내나! 아직 숨은 붙었나"
창살에 갇혀 앉아
빠꼼히 조각난 하늘이나 보고 사는 너와는
애당초 다른 하늘 밑, 나는 이리 자유롭다.

창자도 품들어 먹고 쓸개도 갈아 끼운
조석(朝夕) 세 끼 눈칫밥에 때 절은 머슴살이
해묵은 체증 내렸다. 활짝 솟아 올라보라.

민들레처럼

빛 바랜 머리카락 화냥끼 흩날리며
산모롱 외진 길섶 주막 낸 늙은 작부
밑빠진 바람잡인들 거들떠나 보더냐,

오월 한가운데 모란으로 피었더니
진홍 볏을 이고 고개 든 맨드라미
금 가고 이 빠진 살림 예까지 끌고 왔나

물오른 한창때는 굴밤처럼 놀아났고
깨지고 금간 자리 본살같이 기워 냈다
몹쓸 것 짓밟는데도 털끝 까딱하는가.

섬을 보다가

팔둑에 시퍼런 힘줄 드러누운 마흔 고개는
앙상히 벋어 내리던 산줄기 먼 발치에
마침내 올망졸망한 섬을 부려 놓았다.

바로 그 형상이다. 뭍 끝에 섬 거느리듯
여윈 겨드랑에 소골소골 매달리는
여덟 개 진주알 같은 눈동자가 빛나는 양은……

도시락 투정에다 참고서값 짜증을 말아
아침상을 헝클어 놓고 불만을 꾸겨넣고
골목을 꺾어서 돌자 휘파람은 멀어져 갔다.

청제비 오붓하던 내외 눈에 안개 서리고
눈물 속 얼비치는 더벅머리 고것들이
그렇다. 청승요절이다. 안개 걷힌 섬이다.

낮잠

죄 짓듯, 죄 지은 듯 목을 죄던 올가미도
혀 끝에 묻어 다니던 비릿한 화냥끼도
어디로 나가 딩굴다 벼락 맞아 죽었나.

살이란 살은 다 녹아 풀어진 젓갈이고
또아리 틀고 앉던 오기의 뼈다귀며
배짱도 녹아 늘어진 엿가락이 되었겠다.

덜미 덮쳐누르는 집채만한 빚더미에
무쇠 삭여 먹고 숨도 안 쉬던 배때기
국법도 벼락 맞을 것, 이제 나는 모른다.

꽃은 만발하여

기척 없어라
숨어 든 도둑고양이 같은 봄은

뽀얀 솔꽃가루
온통 뜰을 덮는데

속살은
파랗게 얼고
서릿발 싸느랗다.

이승을 제 집처럼
문턱 없이 넘나든 철도

내겐 등돌리고
청제비 비껴 날았다.

천지에
만발한 꽃이
얼려 춤을 추는데……

가랑잎에 묻혀 서다

벼락부자 났다. 하루 아침 만석군 났다.
흩날리는 만 장 지화 쏟아지는 금은 보화
생살을 꼬집고 봐도 꿈 아니라 생시다.

앞산도 배가 불러 멀찌감치 나가 눕고
돈짝만한 해도 제 자리에 뱅뱅 돈다.
떠났던 사당패들은 징 치고 돌아오나

왜 아니라, 왜 아니라.
언제는 가난했더냐.
떡 벌어진 잔칫상 상다리가 휘청거린다
흥부네 박타던 날이 영락없이 이랬을라.

잠버릇

공출 다는 저울대 흔들리는 눈금에 받친 울화로
그 밤을 못넘기고 숨이 멎은 할아버지

몰아 쉰
한숨을 받아
죄없이 오그려 잔다.

무식이나 면하려다 문전옥답(門前沃畓) 날리고도
벼슬도 재물도 멀어 시나 앓고 지새운 밤

새벽녘
깜깜한 막장
늘어져 늦잠을 잔다.

꿈과 현실

단잠 속 바다 건너 지구 맞은편에서
꾸웅……꿍. 구들장을 드놓는 메방아 소리

지축이
앓는 소리는
꼬리를 끌고 사라졌다.

자욱한 아침 안개 풀죽은 햇살 헤치고
문간에 떨어지는 페르시아만 대포소리

뒤뜰엔
널린 모란잎
흩어진 포성 조각

바람 없는 날

머리 들기도 무거운 하늘이었지.
뿌연 해는 풀어져 선 자리에 헛돌고
푸나무 꽃피는 일도 함부로는 못했으니

벌건 대낮이지만 밤중인 양 깜깜하다
멀찌기 뒤를 밟는 그림자에 소스라치고
벽에도 귀는 있었다. 고동 같은 눈도 열고

지금 간떨리는 모가지 짓누르며
곧장 덮칠듯 거미줄 무쇠 그물
간간이 숨넘어가는 소리도 묻어왔다.

캄캄한 낮

집마다 잠긴 대문 빗장 위에 자물쇠 채워
어디 기척 하나 새어나던가

뜨고도
캄캄한 대낮
햇빛도 서성거렸다.

사방을 둘러봐도 그림자 하나 흘렀을까
다급한 호각소리 날아와 귀를 때린다

곤두선
은회색 비늘
전신에 돋는 소름

돌섬을 보다가

멀어져 간 사람들 하마 잊힐 무렵이면
외로움 물살이 와서 감기다가 풀리다가

뜻 아니
목맺힌 기억
잠시 닻을 던졌나.

그리운 이름 석 자 입속으로 부르면
하늘 물 맞닿은 멀리 살붙이 구름 한 점

떠날 듯
알맞은 거리
멈추어들 섰는가.

민주화로 오는 봄

"지지배,
지배지배,
지지배배 지지배배"
미주알 고주알 낱낱이 뭐라 일러바치는

발정 난 노고지리 봄하늘을 덮는다.

"……친외세 반민중의 체제란 허깨비는
마구잡이로 마구잡이로 갈기갈기 찢어 발겨……

던져라!"
돌팔매 뜬다. 때맞친 종달새.

"어미 아비 발 뻗치고도 눈물 한 방울 비치지 않을
세상 모르고 자라난 철부지들은……

짓이긴 고춧가루다. 최루탄을 먹인다."

이렇게 오는 거란다, 아가야 민주의 봄은
철조망 바리케이드 개나리빛 노란연막

화염병
꽃불이 퍼져
온 광장이 벌겋게……

포장집에서

해는 기울고 늘어진 황혼 밑으로
주머니 깊이 손을 묻고 고개를 수그리면
앞서는 그림자는 지구 끝까지 뻗친다.

몇 번을 망설이던 발길 들여놓은 포장마차
몇 잔 소주로 불만을 기울이면
서러운 피가 받친다.
공기창엔 노을이 타고…….

귀밑이 벌겋도록 달아 오른 술기운에
구운 꿈장어같이 뒤틀린 세태를 씹으며
죄없는 젓가락으로 울분을 두들겼다.

살아서 부끄러움은 뒷덜미에 혹으로 솟아
훤한 길을 두고 담 그늘로 붙어 걷는데
주눅든 발걸음마저 자꾸만 헛놓인다.

아무 일 없는 날

"암. 아무 일 없었어
날씨 쾌청하고……"
거짓말 같이 말끔히 지워진 하늘에는
눈 맑은
별빛 몇 톨이
눈 비비고 나온다.

창자 뒤집히던 최루탄 재채기도
의분을 뭉쳐 던지던 화염병도

흩어져
다리를 꼬고
새우잠이 들었을까.

비린 구호며 핏발 선 눈빛이며
이념의 족제비도 체제의 까마귀도

까맣게

무너져 오는
어둠 속으로 묻혀갔다

환한 얼굴로 해는 내일 다시 뜰 것이고
별빛은 지난 밤처럼 밤을 새워 빛나리니

이 밤도
역사의 강은
소리없이 흐르고……

쑥물 드는 신록

의붓어미 그늘에서 풀물 든 설움이야
떫은 보릿고개 도토리랑 삼켰다마는
퍼렇게 민적에 앉은
식민의 피는 못 지웠다.

뼈마디 물러앉고도 못 벗은 징용살이
동자 깊이 박고 간 황토빛 타는 산천
풀국새
뭉개진 울음
쑥빛으로 물드나.

한겨울 따뜻한 날

언제
어디선가
귀익은 목소리로

어쩌면
어렴풋이
알 것 같은 귓속말을

바람 속
몸은 숨기고
더운 숨만 내쉰다.

시한폭탄을 묻어
생솔가지 덮어놓고

"너만!
믿는다"고
오금을 박는다마는

하늘 땅
뒤집힐 일을
막는다고 안 샐까.

때 아닌 구름
—이차돈에게

천년
다시 천년
살도 뼈도 삭았으리

그날
하얀 무지개
믿음의 서릿발은

때 아닌
구름을 몰아
안마당에 부린다.

언제던가
살갗 밑에
굳어 앉은 날개

새로 돋으려나
가려운 겨드랑이

떨그럭
끊어진 하늘
징검다리 놓는 구름

어진 산

걸음 멈추고 멀찍이 떨어져 서서
웃음 실은 눈으로 어깨너머 내려다보는
주름진
푸른 가을 산
생각도 깊어진다.

바위며 푸나무며 이마가 시원한 언덕
무릎에 앉힌 손주놈 어르듯하고
햇살도
포근히 안겨
숨소리를 고른다.

밤, 파도소리

밤은 늦어 하마 깊이 잠들었을 시간인데
착 가라앉은 소리 "쉬이 쉿!" 말을 맞춘다

이마적
꼬투리 낚아
무슨 일을 꾸미나

이윽히 잠잠하여 한 시름 놓으려면
벼락 치는 소리 사금파리 쓸어 내는 소리

이제는
드러내 놓고
사생결단 내나보다.

돌아앉아 이름 석 자 도마에 올려놓고
뜯고 씹어 발기고 입방아를 찧나보다.

내 죄상

낱낱이 들춰
난도질을 하나보다.

제3부 사향산제(思鄕散題)

파도

아득히 뭍을 두고 마음은 외로운 섬
나의 그리움은 어쩔 수 없이 파도
당신의 해안에 밀려 하아얗게 부서지는…….

섬을 보고

꽃잎 지는 오솔길도 안개에 묻혀가던 날
한참을 물무늬만 주름지던 바다였지만
당신은 기억 밖으로 멀어져간 섬이어니…….

갈매기

슬프고 외롭기는 서녘 불타는 노을
하늘을 저어 파닥이다 아픈 날개
깃 하나 접을 곳 없어 구름으로 펼친다.

가는 봄

몸 반은 구름에 묻혀 봄을 안고 서는 누이
꽃댕기 머리카락에 타오르는 아지랭이
저 봄도 예쁜 거짓말, 한 밤 비에 흩어지리.

다도해를 지나면서

속치마 주름잡듯 속살에 접어 흐느끼는
눈 가장자리 번지는 웃음처럼 밀리는 물살
햇살도, 구름도 저어 꽃잎으로 풀어놓네.

양미간 쯤 떨어져서도 깊은 잠을 못 이루는
착한 소녀들 이마같은 섬이 포개앉은 사이로
몸살난 바람이 돌아 꿈을 맑게 디룬다.

마을 안 친정집 문전, 고 빠안히 내다뵈는
입김만 크게 쐬어도 대질리는 거리를
고운 이 문전을 돌듯 감아드는 돛단배.

눈 한 번 마주쳐도 눈을 감기 전에는
이승땅 사람 사귀듯 파도쳐 우는 인정
입덧 난 파도를 밀어 하얗게 쏟아놓는다.

육자배기
―아버님 초상(肖像)

헤쳐도 막아서는 생활은 겹겹 절벽
마디 마디 닳아 멍든 쇠갈퀴 손가락은
등 더울 짬이 없고나, 새벽 닭이 또 운다.

짚날 그 고른 날로 생활을 삼아내도
해종일 산비알 밭을 헤매고 돌아서면
신발도 바닥난 가난 가시는 살을 찌르네.

소망 하나 씨앗을 묻어 물 뿌리고 북돋워도
가뭄은 논바닥마다 거북등을 갈라놓고
피눈물 쏟아 메워도 한숨 섞인 육자배기.

등짐으로 날라 부려도 마르지 않을 눈물을 두어
흥겹게 넘겨 치는 도리깨열로 받아 넘겨도
잠결에 돌아누우면 뼈마치던 육자배기.

월광곡
―어머님께

숨결 고른 머리맡에 어진 꿈을 심으시고
눈물로 올을 뽑고 한숨으로 누빈 주름
무너져 흩어진 등솔 어느 올이 성하던가.

한 세상 달 기울듯 더듬어 온 가시밭길
어머님 어진 수심 고향 언덕 들찔레꽃
시름도 구름 걷히고 은물결에 뜨는 달빛.

구름처럼 떠도는 아들 분별없는 앞을 밝혀
달빛에 바늘귀 뚫던 흑진주빛 눈도 가고
문턱도 안개에 흐려 헛짚으시는 발길.

패물처럼 아낀 소망도 빈 그릇에 비친 문살
밤을 새운 물렛줄에 불은 건 시름이고
달이여, 서산 기우는 애정의 빗달이여!

화병

풀죽은 이부자리 가난의 긴 그림자를 깔고
허리 접고 돌아누운 목이 흰 여인이여
아내여, 좁은 영토에 몸을 묻은 꽃가지여.

패물같이 아껴온 젊음 성으로 쌓았어도
꽃잎으로 지는 날 먼 산 뻐꾸기도 안 울고
멍에진 짐은 겨워도 부릴 곳이 없고나.

찬 바람 무늬지는 평 가옷 단칸 방에
까맣게 눈이 잘 익은 씨앗을 달고 앉아
대천지 한바닥에 뜬 낙도처럼 서러워라.

미루나무 한 그루가

날이 들면 창 앞에 고향 하늘을 열어놓고
새 한 마리 불러다 앉혀 세월도 흔들어 보고
흩어진 눈길을 쓸어 높은 데로 거둔다.

환한 봄도 켜고, 잎마다 가을도 지우고
소복이 눈 쌓인 밤은 만 시름을 잠재우고
깊은 뜻 간혹 끄덕여 먼 곳을 가리킨다.

찔레꽃 산조(散調)

어지러운 세상 일은 가시울로 막아와도
어여쁜 이 점을 찍은 한창 때 잠자리는
하늘과 땅을 메우는 이야기도 꽃밭이네.

모두 귀 익은 음성 노래 실린 맑은 얼굴
뜬 눈으로 밤을 새운 소녀들아, 소녀들아.
허물도 다듬어 내면 우린 모두 꽃인 것을…….

바늘귀 자욱마다 돋아나 밟히는 얼굴.
가지마다 색실 얽혀 구름으로 뜨는 노래
눈웃음 손길을 잡고 어울린 꽃밭이네.

갯마을 풍경

외진 산 모롱이로
뱃고동만 울고 가고

물결은 설레어도
돛배 하나 안 뜨는 날

한나절 조는 복사꽃
실바람이 깨운다.

밀물도 심심하여
갈밭머릴 돌아서면

끝없이 벋어간 해안
조개 줍는 아이 서넛

그린 듯 수평선 밖에
섬이 하나 졸고 있다.

포도알 산조(散調)

입을 열까,
그만 둘까,
피도 멎는 속엣말을

눈물에 달 실리듯
페비치는 밝은 얼굴
볕 가린 그늘 더듬어 감겨지는 덩굴손.

모를까,
누가 알까,
다스려온 허물 한 알.

골무짝 피를 개듯
진주처럼 품어 살고

멍처럼 아린 허물이
진작 내게 있던가.

감추어도 돋아나고
열려 해도 안 풀리는

물오른 가슴속은
절로 부푼 청포도밭

뽕밭이 바다 된대도
이젠 내 몰라라 몰라.

노을

어찌 할까나, 저 하늘 불길에 타는고나
상사라도 하고 싶던 스물 안팎 피 닳던 소망
내 가슴 조그만 성은 불꽃마저 없었다.

안타까워라, 그 날 철없이 간조이던
분노 앞에는 뉘우침도 죄를 얹어
그마저 재 되고 말면 아까와할 병도 없네.

꽃피는 날
―모란 밭에서

요요히 날름대는 저 피묻은 혓바닥
바람은 벌판을 쓸고 하늘로 치닫는 불길
사방에 질리는 빗장, 불벌에 발을 구른다.

타라, 다 타라. 여기는 불의 저자
추어라, 추어. 모두 미친 불춤이나 추어
더듬던 말도 막힌다, 도끼로도 못 찍는 가슴.

꽃의 묵시

눈부신 햇살을 골라 비단 실로 가려도
선잠 깬 눈물 위에 멀리 앓듯 얼비치어
전신엔 가려운 버짐 구름 일듯 피었다.

바늘끝 쑤시는 아픔 가슴 골을 파고들어
층계마다 불지른 노래 한 채 탑이 쌓이는데
귀먹고 눈먼 사내야 하마 말문 터지나.

어떤 내란
−모란 피는 날

먼 신화 시대의 뒤안을 돌아나와
오(五)월 아침 햇살, 눈부신 하늘을 연다.
피묻은 머리를 들고 일어서는 꽃을 보아라.

가슴으로 치른 내란, 적막한 함성으로
깃발 나부끼며 달려오는 끝없는 대열
맨발로 돌밭 헤쳐온 뜻을 대강 알겠다.

꽃과 찬양대 · 1

발 붙일 틈도 없이 칼날로 내리친 절벽
깎아지른 서슬을 짚어 다락 한 채 지어놓고
신들린 풍악 잡히고 줄을 타는 꽃이여.

땅을 밟고도 한 치 앞을 못 가리는
열병으로 치르는 목숨은 어지럼증
대낮도 황금 빛 속을 밤중처럼 헤맨다.

꽃과 찬양대 · 2

칼끝으로 얼부푼 살을 쟁이는 바람 속을
얼음 깔린 강을 딛고 햇살은 걸어 넘어
꽃나무 맨 아래층엔 누가 불을 질렀나.

피맺힌 허리를 절며 돌아온 이승의 난간
와자히 일어서는 불기둥, 버섯구름.
머리칼 흐트러진 채 돌이 되어 앉는다.

동백꽃이 피는 뜻

「곱게 타리라,」 한 조각 진한 넋마저
눈물도 뼈끝에 접고 허물로 만져왔으니
울음은 파도에 던져 울먹이며 삭이나.

얼마나 사무쳤으면 이 마음 피를 토하리,
기러기 언 하늘을 별빛 하나 떨구고 가면
깎아진 절벽을 짚고 피를 둘러 앉힌다.

음악

달빛이 부서져 떤다, 흩어진 사금파리
베에토벤 손가락이 손대 잡듯 떨고 있다,
추스릴 아픔도 잊고 장승으로 섰거라.

서리맞은 뱀의 잔등, 일제히 일어선 비늘
눈 녹은 산맥, 칼날 밟은 바람소리
적막한 통곡을 하며 강물이 가고 있다.

꽃밭의 모반(謀反)

출렁이는 장미밭은 대낮같은 불빛의 궁전
한창 어여쁜 음모 거미줄을 치고 있다.
수상한 기침소리가 잇달아 꼬리를 물고…….

구석마다 부챗살 그린 그림자도 걷혀가면
누가 겹겹으로 도화선을 깔았는가,
일제히 솟는 불기둥 뒤집히는 색채의 폭발.

산이 뇌인다

바람 자는 날도 파도치듯 뒹구는 번개
마른 하늘 끝까지 대낮에도 불수레를 굴린다.
무쇠로 팥죽을 쑨들 없는 죄를 뉘우치랴.

「벌 받을라. 벌 받을라,」 새벽마다 흔드는 지축
이 어쩐 풀무질이냐, 기름을 끼얹으며
성머리 북채를 잡고 모듬발을 구른다.

어림없는 짓이로다, 너희 손톱 찍힘은
구들 밑에 지뢰를 묻어 벼락칠 듯 울림짱
맨살에 불도장 찍어 높이 들어 보이겠다.

보리 누름에

봄도, 향기도 끓어 난장진 꽃밭에는
못 견디는 눈빛의 호랑나비 떼홀아비
뻐꾸기 타는 울음도 목이 잠긴 보릿고개.

풋보리도, 봇도랑의 아지랭이도 타는 한나절
에미는 에미대로, 애비는 애비대로
눈자위 다 둘러꺼진 아이 혼자 쓰러져 눕고.

바람맞은 계집들 어리미쳐 허둥대다
한 발만 헛디디면 죽어도 못 나오는
저승도 코앞에 닿고 가슴은 누룩 뜬다.

못 참겠더라, 참말로 못 참겠더라.
숨쉬는 배꼽 위에 왕국이 새로 서도
가슴에 솔잎 나는가, 거미줄을 치는가.

늪의 뇌임

뉘로 하여 헐린 살점 여기 찍힌 못자국
애환(哀歡)의 진눈깨비는 철마다 고여 들어
영원에 발을 뻗치고 짐짓 눈감고 누웠다.

독 묻은 화살을 간다. 권능(權能)의 물을 끓인다
맨발로 돌밭을 갈아 절망도 바닥나면
치솟아 불을 뿜는다. 구멍난 가슴을 열고.

산악도 녹아나는 내 가슴 끓는 풀무
눈먼 연민의 불문 싸느랗게 닫아 걸고
밤마다 마른 하늘 끝 뇌성으로 울고 있다.

풀밭에서

몰라 그렇지 하나씩 깨쳐 가면
숨쉬는 이파리마다 눈물겨운 자랑으로
지선(至善)한 눈망울들이 반짝이고 있고나.

볼 부비며 깨알같이 새겨내는 목숨이기
실핏줄 개울마다 더운 입김을 쐬며
청자빛 하늘 우러러 속엣말을 푸는가.

지금 알맞게 젊은 우리는 사랑스럽고
골 하나 차고 넘칠 노래까지 머금지만
세월을 올로 뽑으며 지문까지야 새기는가

돌아와 다시 긍정(肯定)의 심지를 돋우고 보면
차츰 밝아지는 이 은밀한 이치(理致).
영혼에 아로새기는 슬기로운 대화를

들풀같이

잎새 하나로도 가리어질 하늘과
눈 감으면 지워지는 별, 구름…… 바람의 이름을
동자에 적어 익히며 살아가려 했느니

실바람만 스쳐도 가누지 못해 몸부림치고
환한 얼굴빛 기쁜 듯이 꾸며내며
그림자 그늘진 뿌리 지심(地心) 깊이 드리우노니

고개 들지 못하는 예쁜 죄 하나 저질러
없는 듯 들풀같이 흔들리며 가려는 길에
허물만 손톱이 길어 찬 하늘을 긁는다.

제4부 이런 역사(役事)

빈 수레

한 자루 붓끝에 굴리는 생각의 빈 수레가
지구 끝까지 갔다 되돌아오는 새벽
담 밖에 수수밭 밟고 말을 모는 빗소리.

매화 눈 뜬다

눈도 못 뜰 진눈깨비 속 내맡긴 가슴팍
한 가닥 핏줄을 감고 손톱 밑에까지 와서
부르튼 살을 헤집고 토닥토닥 불티가 난다.

고추 타는 매운 연기 천한 눈물마저 짓이겨
기우고 꿰맨 누덕 그 거친 살갗에도
파랗게 불티가 난다. 한 점 뼈끝을 깨고…….

거미에게

한 포기 풀도 이끼도 차마 발붙이지 못하는 곳
평생을 기어올라도 이르지 못할 낭떠러지
눈감고 기다림 한 올, 내 여기 그물을 짠다.

한 오라기 햇빛도, 잠자리, 박쥐라도
미처 못 오르고 나가떨어지는 동굴
눈부신 날개가 걸려 파닥일 빛 기다려 그물을 친다.

매화, 아파라

목을 뽑아 내둘러도 희멀건 하늘만 벋어
찍어라. 피도 안 비칠 마른 살갗 위에
한 방울 봄비가 듣네, 아파라. 봄도 아파라.

회초리를 쳐라. 후리쳐 진눈깨비
어쩐 일이냐, 참말 이 어쩐 일이냐
핏빛 볏 꼭지에 달고, 내다보는 저 눈망울―.

이런 역사(役事)·1

돌아보면 저무는 뒷쪽, 앞은 또 아득한 이랑
오늘도 산그늘은 무릎을 덮어오는데,
몇 만평 콩밭을 맨다. 벗지 못할 멍에를 지고…….

발 밑에서 하늘까지 수직으로 막아선 산을
밤마다 침을 바르고 손톱으로 찍어낸다.
바늘귀 터지는 빛이 몸을 섞는 날까지…….

이런 역사(役事)·2
―소경이 그리는 벽화

그 아득한 거리, 너는 별로 도사리고
무쇠 단금질에 녹아내린 피를 받아
붓끝에, 무딘 붓끝에 이 아픔을 찍는다.

꽃 같은 무지개로 엮어 채운 이 지병(持病)을
수천 길 지층에다 한 덩이 진채로 다져
터지듯, 통곡 터지듯 신기루를 그리자.

이런 역사(役事)·3

누가 보았느냐? 수 만리 바깥 강물을 기척없이 끌어

앙상하게 날선 산맥 그 위에 끌어대어, 꽃구름 성을 두른 탑 한 채를 세워놓고, 북 울려 장고 울려, 아무도 들은 적 없는 북장고를 마구 울려

오늘은 하늘에 쏟아 나부끼게 하는가.

구름밭을 나비고 돌아오는 그리움 한 필

구만리 하늘 밖을 누비는 학의 울음을 잠귀 밝은 여인의 기름진 머리맡, 그리운 여인의 밝은 꿈을 고인 원앙 수놓은 베개 속으로 들어

어느 날 목이 트이면 겹겹 무늬진 노래로 짜고……

꿈 속에 꽃밭을 버선발로 걸어와서

천년 비바람에 기울어진 성문 같은 사내의 그 가슴 녹슨 빗장을 따고 뜨고도 앞 못보는 눈도 열고, 귀도 열고 목청을 틔워 다오

 누구냐! 이 고운 짐을 나르는 그 사람은.

화살은 날아

반짝 구름을 뚫고 떨어지는 한 조각 햇살,
연분의 올을 잇는 내 은어의 난수표
찬란한 살기를 묻혀 네 가슴에 박힌다.

전신은 은어의 거미줄에 걸린 자벌레.
못 가눌 신음을 안고 구르는 네 심장의
하나도 비리지 않은 너의 피를 보리니…….

어떤 가난

가난도 때오르면 부귀(富貴)보다 사치롭고
한 고개 넘어서면 극락같이 열린 하늘.
그 하늘 별 뜨는 가난, 맨발로 우러러 서리.

우수절의 시

한 장 창호지 밖에 나직이 듣는 음성
어린 날 그 언덕에 흘리고 온 꿈의 씨앗
향 맑은 귀가 열리어 이젠 움이 돋는가.

돌아 온 산모롱이 구비 구비 짓다 둔 인연
원수도 손끝이 저려 맺힌 허물 고를 풀고
한 떨기 민들레처럼 떨고 일어나는가.

죄 없이도 가슴 닳던 그리움도 벗어두고
묵밭 된 마음의 이랑 새로 닦은 보습을 대어
묵혔던 길이 열리어 기적처럼 오실 손님.

비 그치면 대동강 물도 풀린다는 이 밤
옥색 치맛자락을 끄는 꿈길도 결이 맑고
청매화, 새 피가 돌아 숨소리도 고르겠다.

서리 내릴 즈음

어찌하여 뉘우침은 바람 자는 날도 없고
이 날로 아껴온 꿈은 서리맞는 나날인가
생각은 만 갈래 여울, 핏줄마다 밟힌다.

한 줌 금싸락 같은 애정마저 재운 목숨
만 길 절벽 끝의 이승에 발을 묻어
매운 맘 시절도 잊고 몸을 푸는 들국화.

더운 피도 달빛에 시려 절로 여위는데
수실로 얽히는 시름 모두 풀어놓고
나는 또 내일을 바라 씨앗이나 뿌리자.

어느 날 서경(敍景)

바람만 파아랗게 타는 사월 보리밭.
화안히 가르마 탄 사색의 이랑을 따라
한 줄기 비늘을 떨며 은비둘기가 날고…….

찔레꽃은 언덕마다 허연 기침을 쏟아놓고
그리운 바람에나 출렁이는 하룻나절
깨어난 잠의 수렁을 황금 비가 뿌리고 있다.

바람에 실린 구름

바람 끝에 실리는 구름인들 어찌 무심하리
받아난 목숨 하나 풀리기도 마찬가지
넋이야 이승 참대밭을 매는 바람이지만ㅡ.

머리올에 스며드는 허물마저 맑혀내어
손톱 끝에 물들이는 색실로 떠올리면
빠안히 가르마 내듯 저승길도 보이겠네.

여울물에

눈 내린 뒷날 밤은 내 눈물 절로 고이고
잠 안 자는 여울소리 거슬러 오르면 내 어린 날.
아프게 부끄러웁던 실개울이 남아돌아…….

어지러운 진달래 꽃그늘에 숨어 앉아
청승맞게 뻐꾸기 울던 그 날 우리 밀어는
어여삐 눈뜬 첫사랑 가슴 울린 메아리.

속아 사는 하늘아래 여울은 다시 목 메이고
물오르는 버들잎 따라 기억은 새순 돋네만
돌. 돌. 돌 실꾸리 풀듯 세상사는 안 풀리는가.

바람결에

봄이면 봄마다를 오뇌의 순이 길어
빛나는 서름을 견뎌 부대끼는 한 그루 나무
집념의 잔가지 끝에 흔들리는 그림자.

그리움의 긴 외나무 다리를 끝없이 밟고 가면
아, 누구던가 이 가슴 깊은 골짜기
설레는 깃발을 꽂아 흔들리게 하는 이는…….

사랑한 것만큼은 아픈 기억의 못을 파놓고
밤마다 엮어가는 뉘우침의 긴 꽃똬리
내 귀는 외짝 사립문. 그쪽으로 열려 있는—.

난류(暖流)

가난의 좁은 사립을 살며시 빠져나와
빗나간 화살을 찾아 내 젊은 날의 풀숲을 헤치면
울음이 반짝 어리듯 바다에도 뜬 노을.

슬픈 노래의 씨앗 하나 묻은 가슴속
눈물 고일 듯 자라나는 그대 나의 진주알
이따금 가슴 더워오는 시름으로 키운다.

하찮은 일로 파도소리 몸채로 비비고 가면
해 저문 밀물을 타고 고운 볼을 적시우는
기쁘디 기쁘게 젖는 내 사랑의 더운 물결.

물소리

밤내 도란거리는 여울소리 흘러들어
그리움 어룽져 앉은 나의 좁은 골목에도
어리는 그대 목소리 밤을 젖는 물소리.

갈앉은 물속같이는 못 배기는 마음 바닥
얼마나 닳아 잊히랴 굴러 온 자갈 한 알
감으면 그대 목소리, 뒤안에 숨어 우는…….

꽃잎 쪄 흩으며 발길 돌린 머언 사람
가슴 밑 깊은 골짜기 샘 하나 파다가 두어
철마다 마르지 않고 하던 말을 되뇌인다.

가다간 잊고 지내듯 물소리 끊기어도
잠 못 이루는 밤은 베개 밑에 스며들어
못다 푼 실꾸리 푸는 여울소리, 내 소리.

밤 바다에서

언약의 푸른 물 이랑, 이랑을 밟으면서
흘러 가버린 바람 못 잊는 이름을 두고
잔시름 물살 헤이며 바다는 잠을 안자고…….

기다림은 황홀한 기약, 살갗을 허물어도
어여쁜 병 하나 길러 진주알로 다듬으며
보석별 뿌려 수놓은 파도는 잠을 안자고…….

한 뼘 발 앞을 못 가리는 이 목숨 닻 없는 배는
기쁨도 고운 아픔도 모두 짙은 안개 속
산호빛 가지를 치는 한 생각 잠을 안 자고……

바다는 잠결에도

그리움의 먼발치엔 늘 잦은 기침소리
잔잔한 흐느낌으로 깨어있는 바다는
은밀한 목숨을 일러 가슴으로 뇌이고…….

밤바다에 배를 띄워 물결에다 다스리며
흔들리면서 가는 이 목숨 끝 없는 항로
바다는 별 깔린 비단, 잠결에도 설레인다.

뉘우침으로 야위어 가는 마음의 귀를 밝히면
나는 그대 영혼의 한바다에 닻을 내린 조각배.
밤마다 정박등 하나 꽃 따를 듯 이고 서는—.

구름결에

마음 맨 밑바닥의 가장 맑은 물 한 가닥
피릿대로 떠다 풀어 이승 밖을 돌아가면
석가님 입김에 뜨는 구름이나 될까 몰라.

절로 마음가는 사람에게나 섬기고 싶은 한마디,
어느 구렁논 진흙 밑에 아껴 묻어두고 보면
터지는 연꽃 향기로 나울치며 길을 낼까.

알아주는 이의 귓전을 서성이는 바람이거나
내리깐 속눈썹에 피다 지는 무지개나
장지로 가리운 목숨 흩어지는 한 점 구름.

연밭 가에서

하늘도 제일 높은 욕계(欲界) 삼천 구름 너머
너를 불러 타이르는 음성이 들리는가
무지개 오색 채운만 둥, 둥 저렇게 뜬다.

열 손가락 마디 마디 흐르는 더운 개울
한 가지엔 사랑을 딛고 또 하나는 그네를 달아
꿈결에 고운 꿈 실어 흔들리듯 너는 살고…….

저승 먼 강안을 돌아 또 한세상 본다며는
나는 그대 가슴어리께 자리잡은 한 송이 꽃
이슬로 가슴을 쓸어 이 시름을 달랠걸!

운학문매병(雲鶴文梅瓶)

맑은 물 실리듯 꿈꾸는 그대 잠의 논바닥은
자운영 한창 휘드린 꽃밭이고 볼 일이다.
구름도 흩어 한 타래 색실로 엮어내는…….

그대 마음으로 가는 나루터에 앉아 진종일.
그리움의 돌멩이 하나 부시도록 닦아내어
한잠 든 그대 강안에 돌팔매를 날리자.

팔매 끝에 묻어가 떨어지는 금비늘은
지나가는 한 줄기 소나기로 묻어 내리고
사래 긴 논두렁 가에 학처럼 외로우리.

꽃 깨우는 바람

무딘 귓바퀴 눈보라에 찢기운 채
보채던 피도 식어 주저앉은 둘치던가,
칼날도 삭이는 바람. 청대 같은 나를 깨우나.

힘겨운 목숨의 짐을 수레로 실어와서
굳게 잠긴 무쇠 대문 담 밖에다 부려놓고
자물쇠, 녹슨 빗장을 그 누가 따고 있나.

푸른 강물에 지던 동백꽃빛 피 한 방울
내게도 있었던가 바람 자는 이 아침
선지피 머리에 이고 고개 드는 생각의 꽃.

오월 한낮에

햇빛 하아얗게 흘고 있는 아카시아 꽃
그런 마음 응달에 숨어앉은 햇뻐꾸기,
은백색 명주실 풀듯 새 노래를 익힌다.

숨막히는 생활의 허리띠를 늦추고
앞산 마루를 넘는 구름에나 눈이 홀리면
끝없는 하늘 복판에 환한 길도 열린다.

오월 아침에

새벽잠 깬
백모란 새옷 갈아입는 소리를 엿듣고
군침도는 가슴이나 쓸어내리는
멍청아. 세상 멍청아
눈도 코도 없느냐.

안다, 다 안다.
살 내리는 목마름까지
그런 고갯짓으로 모란은 시늉하고

살갗 밑
어두운 피를
맑게 갈아내느니…….

국화를 심어놓고

오늘은 문을 열까, 내일이면 소식 올까.
심어놓고 기다리는 가슴 그 빈 뜨락에
가랑잎 꿈을 흩는다, 길이 혼자 저문다.

얼부푼 망울 하나 달 넘어 입을 안 열고
휘파람 날리는 하늬, 망설이던 해도 지면
서릿발 핏줄에 감고 다시 돌아눕는다.

> 해설

묘사와 변주의 탁월한 구경(究竟)
― 박재두 시조의 의미 ―

김선태
시인

1. 들어가며

박재두 시인은 우리 시조계의 원로이다. 경남 통영에서 출생한 그는 지금껏 고향 일대를 벗어나지 않으면서도 훌륭한 작품세계를 일군 향토시인이다. 1965년『동아일보』신춘문예를 통해 등단한 그는 기록상으로만 보면 1975년『유운연화문(流雲蓮花文)』을 펴낸 이후 아직 작품집을 묶지 않고 있다. 하지만 그간의 작품성을 인정받아 '경남도문화상'(1976)을 비롯, '정운시조상'(1984)·'성파시조문학상'(1987)·'가람시조문학상'(1989)·'이호우시조문학상'(1992) 등 시조계의 굵직굵직한 문학상을 모두 휩쓸었다. 그러고 보면 그는 함부로 자신을 세상에 드러내지 않을 뿐더러 작품 또한 남발하지 않는 깐깐한 자존의 시인인 셈이다.

그럼에도 불구하고 이 글을 쓰는 필자에게 그의 이름은 낯설다. 솔직히 필자는 편집진으로부터 자필 연보와 작품을 넘겨받기 전까지는 원로 시인인 그의 이름을 몰랐다. 그래서 작품을 정독하고 난 후 부끄러움과 함께 뭔가 골똘한 생각에 잠기지 않을 수 없었다. 원인은 무엇보다 그가 시조시인이고, 필자는 시인이라는 데 있었다(시조시인들은 시조를 '시', 현대시를 '자유시'로 따로 구분하여 부르기도 한다. 일리 있는 주장이다). 말하자면 우리 시단에서 시조가 시에 비해 일방적으로 소외당하고 있다는 데 그 원인이 있었던 것이다. 아무튼 이와 관련된 내용은 이 글의 성격상 논외로 할 수밖에 없지만, 우리시의 뿌리에 해당하는 시조를 '흘러간 옛 노래'쯤으로나 생각하는 문단의 그릇된 인식은 이젠 근본적으로 재검토할 시점에 왔다는 생각이 든다. 우리 현대시조가 과거의 고루한 면모를 일신하고 자유시 못지 않은 변별력을 갖추어 가고 있기 때문이다. '우리 시대 현대시조 100인선' 간행도 이와 같은 흐름을 체계적으로 정리하여 시조에 대한 위상을 다시 세우려는 차원으로 이해된다.

필자가 보기에 박재두 시인의 작품성은 우리가 알고

있는 어느 유명한 시조시인의 그것보다 모자람이 없을 정도로 뛰어나다고 판단된다. 특히 형식과 표현에서 자유시가 무색할 정도의 현대성도 겸비하고 있다. 이제 '묘사와 변주의 탁월한 究竟'으로 요약할 수 있는 그의 시 세계를 살펴보자.

2. 들어가 살펴보며

주지하다시피 시조는 우리 고유의 시적 양식이다. 따라서 현대시조를 쓰는 시인들의 시가 전통성에 그 뿌리를 두고 출발하고 있음은 지극히 당연한 일이다. 하지만 오늘의 시조가 어제의 시조를 그대로 답습하고만 있다면 이는 심각한 문제일 것이다. 그것은 시조라는 장르 자체가 더 이상 존속할 필요가 없음을 자인하는 일이기 때문이다. 오늘 했던 말이 내일 아침이면 더 이상 효력을 발휘할 수 없는 것이 시적 언어의 숙명이다. 그래서 시인을 종종 혁명가에 비유하기도 한다. 혁명이 무엇이던가. 기존의 질서와 체제를 부정하는 반역이 아니던가. 그래서 아들은 아버지를 죽여야만(넘어서야만) 새로운 아버지가 될 수 있는 것이다. 시조(時調)가 시조(詩調)가 아닌 이유도 여기에 있다. 시대의 흐름에 따라 새로운 옷을 갈아입어야만 존재 가치가 있다는 뜻이다. 따라서 한 시인의 시를 평가할 만한 가치가 있느냐 없느냐 하는 것도 여기에 달려 있다고 본다.

 이렇듯 현대시조의 사명은 과거의 문학적 전통을 일신하여 새로운 문학적 전통을 수립하는데 있다고 본다. 하지만 새로운 문학적 전통을 수립한다는 일이 무조건적인 옛 것의 단절이나 파괴가 아니라 바람직한 것들을 이어받으면서 또 그것을 현대적으로 변형·발전시키는데 있음을 의미한다. 박재두 시인은 위에서 이야기한 바를 누구보다 충실하게 시로서 구현하고 있는 시인이다. 다시 말해 그의 시세계의 특징은 전통성에 그 뿌리를 두고 있으면서도, 그것을 현대적으로 변형·수용하는데 있다. 그것은 구체적으로 모국어의 아름다운 조탁과 전통적 율격의 현대적 변용으로 드러난다. 그 특징을 형식·내용으로 2분하여 거칠게나마 들여다보자.

1) 형식

(1) 다양한 변주

 전술한 바대로 박재두 시인의 시적 특징 중의 하나는 전통적 율격을 바탕으로 새로운 율격을 창조하는데 있다. 그것은 다양한 형태 실험으로 나타난다. 그가 부단히 다양한 변주를 시도하는 배경에는 무엇보다 기존 율격의 틀로는 빠르고 다변한 현실의 내용을 효과적으로 담아낼 수 없다는 인식에 기초하고 있는 것으로 보인다. 우선 기존 율격의 틀에 입각하여 쓴 시부터 보자.

> 연줄 맥일 사금파리 찧고 빻은 가루별이
> 　서둘다 발이 걸려 하늘에 쏟은 별이
> 　한뎃잠 머리 위에도 사금파리 빛나던 별이
>
> 　가난한 지붕머리 지켜주는 밤이 있어서
> 　별 사이를 누비며 날으는 꿈이 있어서
> 　눈물 속 하늘에 뜨는 행복이 있어서
> 　　　　　　　　　　　　　　ㅡ「별이 있어서」 전문

이는 3·3조 혹은 4·4조를 기본 율격으로 하고 있는 2연 6행의 평시조다. 외형상으로만 보면 기존 율격의 틀을 고수하고 있는 작품이다. 그러나 자세히 들여다보면 고정된 틀 안에서도 변화를 주기 위해 상당한 공을 들였음을 알 수 있다. 우선 행과 연을 재배치하고 있다. 그러니까 원래 1연 1행은 2행 1연으로, 1연 2행은 2연 2행으로, 1연 3행은 2연 3행으로 각각 시상이 연결되어야 맞다. 그런데 행과 연을 의도적으로 재배치함으로써 밑줄 친 부분을 각운 처리하고 있음을 보라. 이는 물론 반복운을 통해 음악성을 배가시키려는 의도이다. 게다가 2연의 각 행들은 모두가 "ㅡ있어서"로 끝남으로써 그 뒤에 여

백의 미를 남겨두고 있다. 말하자면 '어떻더라'에 해당하는 서술어를 생략하고 있는 것이다. 다음 시를 보자.

어른들 공출 달리러 넘어간 산모롱이
진달래 불길은 타고
황톳길 봄도 타고

가파른 보릿고개를
빈 손 빨며 넘었더란다

콩깻묵 웁쌀 얹어 찰기 없는 옥수수밥
돌아서면 허기져 손가락 입에 물고
진달래
꽃빛을 빨며
뻐꾸기 소리 배를 채우고……

피는 못 속이던가
반세기 아득한 저편
응어리진 식민의 피
그마저 내림인지

네 아비
한 대(代)를 건너 손가락을 빨다니

말리는 눈치는 빨라 할미 등에 붙어 선다
징용 피해 짚동 속에 숨어 지낸
네 증조부.

나뭇단
바람 닿는 소리
가슴 조였다더니

그날 밤 이마 위에 바늘끝으로 뻗치던
얼어 파랗게 질린
별빛 닮은 네 눈동자

떨면서
엎드려 새운 모습까지
쏘옥 빼다니

―「어린 손자, 손가락을 빨아」 전문

다소 긴 이 작품은 원래 5연 15행을 의도적인 행·연 갈이로 인해 무려 9연 28행으로 늘어나 있다. 언뜻 외형상으로만 보면 누구든 이를 자유시로 보지 시조로는 보지 않을 것 같다. 그러나 읽어보면 지킬 것은 다 지키고 있다. 말하자면 시조의 기본 율격을 바탕에 깔고 그것을 자유자재로 변형시키고 있음을 알 수 있다. 때로는 변형이 너무 지나쳐 작위적인 인상마저 풍길 정도다.
 위 작품의 형태를 구체적으로 분석해 보자. 첫째, 1연과 2연은 원래 하나의 연인데 둘로 나누었다. 그런 다음 초장은 4음보 그대로 두고, 중장은 2음보씩 행갈이를 했다. 그리고 종장은 별도로 연갈이 하여 다시 2음보씩 나누었다. 둘째, 3연은 연갈이를 안하고 또 초장과 중장을 그대로 둔 대신 종장을 3행으로 나누었다. 셋째, 4연과 5연은 역시 하나의 연인데 둘로 나눈 다음, 초장과 중장을 2음보씩 나누어 4행으로 만든 뒤, 종장을 1음보와 3음보로 나누어 2행 1연으로 변형시켰다. 넷째, 6연과 7연도 하나의 연인데 역시 둘로 나눈 다음, 초장은 그대로 두고 중장을 3음보와 1음보씩 나누어 2행으로 하였으며, 종장을 별도의 연으로 떼어 각 1음보, 1음보, 2음보씩 3행으로 늘렸다. 다섯째, 8연과 9연도 하나의 연인데 둘로 나눈 다음, 초장은 그대로 두고 중장을 각 2음보씩 2행으로 나누었으며, 종장을 따로 떼어 각 1음보, 2음보, 1음보로 나누어 3행으로 만든 다음 1연으로 잡았다. 그러니까 원래 5연 15행인 이 작품은 9연 28행으로 철저하게 변형이 된 바, 같은 형태의 연이 하나도 없을 만큼 변화무쌍하다.
 한편, 박재두 시인의 형태 변형에 대한 관심은 평시조에만 그치지 않고 「쑥뿌리 사설 1·2」처럼 사설시조에까지 이어진다. 주지하다시피 사설시조는 시조의 형태만

간신히 갖추고 있을 뿐 산문시와 거의 구분이 어렵다. 특히 중장에서 하염없이 늘어진 사설은 할 말 못할 말을 가리지 않고 모두 소화시키는 배불뚝이다. 따라서 사설시조는 오늘의 복잡다단한 현실의 내용을 가장 효과적으로 그리고 비판적으로 수용할 수 있는 장치라 할 수 있다. 박재두 시인의 사설시조도 이와 맥을 함께 하고 있다. 다만 다른 시인과는 달리 초장과 중장을 분리시키지 않고 아예 통합하여 사설로 처리하는 변형을 보여준다. 그러나 박재두 시인의 경우 평시조에 비해 사설시조의 변형을 꾀한 작품은 드물다. 이로 보아 그는 사설시조보다는 평시조나 그 변형에 능한 시인이라 할 수 있다.

이렇듯 박재두 시인은 일단 기본 율격에 준하여 창작을 한 다음, 그것의 변형을 꾀하는 창작 방법을 습관화하고 있는 것으로 보인다. 이번에 필자에게 넘겨진 100여 편의 작품 중 똑같은 틀에 맞춰 쓴 것이 거의 없을 정도로 그의 변주는 다양하고도 현란하다.

그렇다면 이와 같은 변형을 통해 그가 노린 시적 의도 혹은 효과는 무엇인가. 그것은 필자가 보기에 다음 세 가지로 집약할 수 있지 않을까 한다. 첫째, 호흡의 단속과 속도의 조절을 통해 시조의 단조로운 리듬과 구조에 다양한 변화를 주려는 점. 둘째, '낯설게 하기' 차원을 넘어 최대한 자유시 형태에 근접하려는 점. 셋째, 구조의 확대·변형을 통해 어떠한 내용도 거기에 담을 수 있도록

하려는 점 등이 그것이다. 다시 말해 이는 결국 시조의 구태를 일신하여 새로운 면모를 구축하려는 실험정신의 산물로 읽힌다.

(2) 섬세한 관찰과 묘사

박재두 시인의 시적 특징 중 다양한 변주 못지 않게 두드러지는 것이 섬세한 관찰력과 묘사력이다. 필자가 보기에 이 점은 그의 시가 지니고 있는 최대 장점이다. 관찰력과 묘사력이 뛰어나다는 것은 그만큼 사물의 속성을 들여다보는 시각이 예리하고 감성이 풍부하다는 증거다. 이번에 필자가 읽게 된 작품들이 최근에 쓰여진 것인지 아닌지는 알 수 없지만, 이순의 중반을 넘어서고 있는 나이에 젊은 시인을 능가하는 예민한 감성을 지니고 있다는 것은 놀라운 일이라 아니할 수 없다.

배배 꼬인 다리 헝클어진 실타래
오그린 무릎 겹겹이 개고 붙어 앉아
돌멩이 이불을 덮고 죽은 듯이 누웠다.

하루살이 날개만 스쳐도 쑤셔놓은 벌집 윙윙 바람개비 돌려 녹화되고 굴러가는 벌레소리까지 족집게로 찍어 녹음하는 도청 장치 둘레 8백 리에 뻗친 산맥을 떠받친 암반 밑 개미집 청사진 떠서 밀실 차린 땅굴 속, 무쇠 솥뚜경 씌워 눌러 덮은 극비문서, 집식군들 믿을 것가 은하계 안쪽에는 움직이는 좁쌀 낱도 하나 낱낱이 체크되는 고성능 최첨단 초고밀도 컴퓨터, 첩첩 위장막을 덮고 또 덮어도 한 점 봄 입김만 스치면 초록불꽃 터뜨릴 활화산 하나 환약으로 말아 쥐고 눈치만 살피는 뇌관 하나 구비구비 돌아든 밀실 바람 막고 구름 눈감기고 귀신같이 숨어들어 명경알 같이 꿰뚫어 보고 귀 덮어도

    말이야 바른 말이다. 감춘다고 모를 것가.
                                           —「쑥뿌리 사설・2」전문

이 작품은 겨우내 땅속에 묻혀 있는 쑥뿌리가 봄이 되면 지상으로 그 싹을 내밀듯이 억눌리고 은폐된 상황이나 진실은 결국 드러나게 된다는 내용을 담고 있다. 그런데 관심은 이 시가 담고 있는 내용이 아니라 그 쑥뿌리와 땅속을 들여다보는 시인의 미시적 관찰력 또는 투시력에 있다. 어떻게 보이지도 않는 땅속을 마치 현미경을 들이대듯 면밀하게 관찰하고 또 묘사할 수 있는 것인지, 구절 구절이 마치 그의 예민한 감각기관을 설명하고 있는 것 같아 그저 놀랍기만 하다. 이 시로 보면 그의 감각기관은 "움직이는 좁쌀 낱도 하나 낱낱이 체크되는 고성능 최첨단 초고밀도 컴퓨터"다. 그의 귀신 같은 시각은 모든 사물의 움직임을 "명경알 같이 꿰뚫어 보

고", 그의 뇌관 같은 청각은 "무쇠 철모, 첩첩 위장막을 덮고 또 덮어도 한 점 봄 입김만 스치면 초록불꽃 터뜨릴 활화산"처럼 일촉즉발이다. 그러니 그의 감각의 레이더망을 어찌 개미새끼 한 마리라도 그냥 통과할 수 있겠는가.

그의 미세한 감각은 한 걸음 더 나아가 "솔잎" 하나에서까지 그 숨결을 보고 듣는다. "밝은 별 맑은 공기 모아 채운 엽록소/ 꼬이고 비틀린 오장육부 따라 돌며/ 메마른 혈관 씻으며 속 시원히 물 흐르듯 흘러라."(「참솔 생즙을 마시고」) 같은 구절이 그것이다.

그러면 그의 섬세한 묘사력은 또한 어떠한가. 다음은 묘사의 절편을 보여주는 몇 구절들이다.

① 숨가빠 이불 펴는/ 봄밤은 만리(萬里) 강(江)물
  －「개화기(開化期)의 시(詩)－꽃필 무렵」부분
② 허물만 손톱이 길어 찬 하늘을 긁는다.
  －「들풀같이」부분
③ 산모롱 외진 길섶 주막 낸 늙은 작부
  －「민들레처럼」부분
④ 벼락부자 났다. 하루 아침 만석군 났다.
  －「가랑잎에 묻혀 서다」부분
⑤ 뜻 아니/ 목맺힌 기억/ 잠시 닻을 던졌나.
  －「돝섬을 보다가」부분

⑥ 구운 굼장어같이 뒤틀린 세태를 씹으며
-「포장집에서」부분
⑦ 눈 가장자리 번지는 웃음처럼 밀리는 물살
-「다도해를 지나면서」부분
⑧ 가지마다 색실 얽혀 구름으로 뜨는 노래
-「찔레꽃 산조(散調)」부분

①은 꽃필 무렵 봄밤의 융융한 정취를 만리 강물에 연결시키고 있으며, ②는 풀잎이 바람에 하늘거리는 모습에 시인의 자아를 투사시켜 손톱으로 하늘을 긁는다고 촉각화하고 있다. ③은 백발을 뒤집어쓴 민들레꽃을 주막집 늙은 작부에 비유하여 감각적으로 표현하고 있다. ④는 늦가을 수북히 떨어져 쌓인 가랑잎을 지폐 더미나 벼 가마를 쌓아놓은 것에 비유하고 있으며, ⑤는 불가시적인 기억의 닻을 가시적인 섬으로, ⑥은 뒤틀린 세태를 구운 굼장어에 빗대어 각각 시각화하고 있음을 본다. ⑦은 다도해의 잔잔한 물살을 사람의 웃음으로, ⑧은 가지마다 하얗게 피어 있는 찔레꽃을 구름으로 연결시킨 뒤 이를 다시 노래로 청각화하는 솜씨가 일품이다.

이렇듯 박재두 시인의 뛰어난 감각적 표현들은 그의 시작품 전체에 두루 포진하고 있다. 이는 무엇보다 그가 현대적 표현 감각을 갖춘 시인임을 말해 준다. 그리고 관찰이나 묘사 그 자체에만 그치지 않고 언제나 거기에 삶의 체험과 역사의식을 불어넣어 형상화하고 있다. 바로 이 점이 독자로 하여금 그의 시에 대해 신뢰감을 갖게 만드는 요소이다.

2) 내용

(1) 자기관조와 안빈낙도

그렇다면 이처럼 다양한 변주와 섬세한 관찰·묘사를 바탕으로 박재두 시인이 추구하고자 하는 시세계의 내용은 무엇인가. 그것은 크게 네 가지로 요약된다. ① 자기관조, ② 안빈낙도, ③ 자연친화, ④ 역사의식이 그것이다 (물론 이외에도 사향(思鄕)이나 소시민적인 삶을 노래한 시편들도 있다). 따라서 그가 추구하고자 하는 시적 내용은 전통적인 주제들과 그 맥을 함께 한다고 볼 수 있다. 다만 그의 경우 ①, ②, ③에 비해 ④에 입각하여 쓴 시가 많은 것은 격동의 시대를 살아오면서 시조가 역사와 현실을 제대로 반영할 수 있는 거울이어야 함을 자각한 데 따른 비판정신의 확대 차원으로 받아들여진다. 형식에서 전통적인 율격의 변형이나 산문성이 크게 두드러진 것도 같은 맥락으로 읽는다. 그러나 비판정신 또한 선비정신에 그 뿌리를 두고 있음을 감안할 때 그는 어디까지나 시조의 전통성을 크게 벗어나지 않은 시인이라고 볼 수 있다. 그러면 먼저 자기관조 혹은 자아성찰을 노래한 시들을 보자.

① 잎새 하나로도 가리어질 하늘과
   눈 감으면 지워지는 별, 구름…… 바람의 이름을
   동자에 적어 익히며 살아가려 했느니

   실바람만 스쳐도 가누지 못해 몸부림치고
   환한 얼굴빛 기쁜 듯이 꾸며내며
   그림자 그늘진 뿌리 지심(地心) 깊이 드리우노니

   고개 들지 못하는 예쁜 죄 하나 저질러
   없는 듯 들풀같이 흔들리며 가려는 길에
   허물만 손톱이 길어 찬 하늘을 긁는다.
   　　　　　　　　　　　　－「들풀같이」 전문

② 무딘 귓바퀴 눈보라에 찢기운 채
   보채던 피도 식어 주저앉은 둘치던가,
   칼날도 삭이는 바람. 청대 같은 나를 깨우나.

   힘겨운 목숨의 짐을 수레로 실어와서
   굳게 잠긴 무쇠 대문 담 밖에다 부려놓고
   자물쇠, 녹슨 빗장을 그 누가 따고 있나.

>   푸른 강물에 지던 동백꽃빛 피 한 방울
>   내게도 있었던가 바람 자는 이 아침
>   선지피 머리에 이고 고개 드는 생각의 꽃.
>
>   ―「꽃 깨우는 바람」 전문

　①은 "들풀"에 시적 자아가 투사된 시다. 들풀은 산과 들 어디를 가나 볼 수 있는 흔한 풀이다. 그래서 귀하지도 화려하지도 않은 소박한 무명초라 할 수 있다. 그러나 비바람 눈보라 다 맞고 자라는 들풀은 생명력이 강할 뿐더러 해와 달과 별과 구름을 머리에 이고 사는지라 자연의 본질에 가까운 속성을 지녔다.

　그러면 이 시에 나오는 들풀은 어떤 모습을 하고 있는가. 그것은 "실바람만 스쳐도 가누지 못해 몸부림"칠 정도로 약하다. 하지만 꺾이지 않고 언제 그랬느냐는 듯이 "환한 얼굴빛"을 되찾아 "그늘진 뿌리"를 "지심(地心) 깊이 드리우"는 허리가 유연한 들풀이기도 하다. 게다가 "고개 들지 못하는 예쁜 죄 하나" 저지르기를 소망하는 들풀이다. 여기서 시인이 말하는 "예쁜 죄"란 무엇일 것인가. 그것은 소박하고도 깨끗한 시인이기를 꿈꾸는 마음이 아니겠는가. 시인은 그렇게 들풀처럼 "없는 듯", "흔들리며" 살기를 원한다. 하지만 삶이 어찌 자기가 바라는 대로만 펼쳐지던가. 그러므로 "허물만 손톱이 길어 찬 하늘을 긁는다"는 구절은 후회와 반성의 표현으로 아프게 읽힌다.

②에서도 "꽃"과 그 꽃을 깨우는 "바람"의 관계를 통해 아픈 자화상을 확인하고 있다. 나이가 들어 썼을 것이 확실한 이 시에서 시인은 젊은 날의 열정과 감각이 되살아나기를 희망하고 있다. 그래서 "청대 같은 나"나 "생각의 꽃"은 시인의 현재가 투사된 사물이다.

시인의 열정과 감각이 예전과 같지 않다는 것은 도처에서 확인된다. "무딘 귓바퀴", "보채던 피도 식어", "굳게 잠긴 무쇠 대문", "자물쇠, 녹슨 빗장", "동백꽃빛 피한 방울 / 내게도 있었던가" 등이 그것이다. 하지만 그 녹슬고 무딘 열정과 감각을 깨우는 것은 바람이다. 그것도 "칼날도 삭이는 바람"이다. 그 바람 굳게 잠긴 녹슨 꽃의 빗장을 따며 다시 개화를 재촉하고 있다. 그래서 "바람이 자는 이 아침"에 드디어 "선지피"처럼 붉게 핀 "생각의 꽃"이 다시 고개를 드는 것이다. 그는 아직도 청대처럼 푸르고 꼿꼿하다.

다음은 안빈낙도의 시편들을 보자.

① 가난을 섞어 들면 찬물에도 맛이 든다.
몇 차례 헛기침으로 한 끼쯤 건너뛰자
흥부네, 심술 말고도 따로 살맛 있거니…….

(…중략…)

가진 것 없이 머리 둘 하늘은 있고
등성이마다 흘러내리는 넉넉한 빛깔 하며
황금빛 햇살만으로도 만석군이 안 부럽다.
—「가을 뜨락에서」부분

② 가난도 때오르면 부귀(富貴)보다 사치롭고
한 고개 넘어서면 극락같이 열린 하늘.
그 하늘 별 뜨는 가난, 맨발로 우러러 서리.
—「어떤 가난」전문

①을 보면 박재두 시인의 시의식은 "찬물"처럼 정갈하다. 왜냐하면 가난하지만 그 가난에 지배되지 않은 넉넉한 정신을 소유하고 있기 때문이다. 얼마나 의연한 자세를 견지하고 있길래 "가난을 섞어 들면 찬물에도 맛이 든다"고 표현할 수 있는가. 그것은 "찬물"을 밥먹듯이 들이킨 자만이 알 수 있는 지극한 정신의 경지다. "흥부네"가 심술 말고도 "따로 살맛"이 있다는 것은 한 착한 필부로서 가족을 데불고 소박한 행복을 누리며 사는 것이겠지만, 여기에서는 시인으로서의 청빈한 삶의 행복을 가리키는 것일 터이다. 따라서 박재두 시인이 이 시에서 진짜 가난의 모델로 내세우는 사람은 흥부네가 아니라 저 박지원의 「양반전」에 나오는 찢어지게 가난한, 그러나 자존심 높은 선비(시인)가 아니겠는가. 그런 가난을 긍정

하는 선비에게서야 가을 뜨락의 모든 것들이 넉넉하기만 하다. 머리 위에는 높고 푸른 "하늘"이 있고, 단풍 든 산등성이를 흘러내리는 "빛깔"까지도 넉넉하며, 뜨락에 쏟아지는 "황금빛 햇살"만으로도 만석군이 안 부러운 것이리라. 청빈한 시인의 이미지가 투명한 가을 뜨락의 정경과 딱 들어맞는 시다.

그러나 박재두 시인이 언제나 가난을 긍정하는 것은 아니다. 오히려 ②에서 그 가난을 경계하고 있음을 보라. "가난도 때오르면 부귀(富貴)보다 사치롭"다는 일침이 그것이다. 그렇다면 여기에서 "때"오른 가난이란 무엇일까. 그것은 아마도 부귀와 타협하는 가난, 부귀에 무릎꿇는 가난, 가난을 팔아먹는 가난 등등일 터이다. 그러니까 결국 가난의 참뜻을 모르는 거짓 가난이라고 할 수밖에 없다. 그러나 가난을 긍정하는 일이 어디 그리 쉬운가. 그래서 "극락같이 열린 하늘"은 아무에게나 모습을 드러내는 것이 아니다. 그것은 참으로 지극한 가난의 경지에 이른 사람만이 볼 수 있는 하늘이다. 그 하늘에서는 가난이 곧 "별"이다. 시인은 그 가장 아름답고 고귀한 "별"(가난)을, 그것도 "맨발로" 찬양하겠다고 다짐한다. 참으로 청빈하기 이를 데 없는 시인의 정신이 별빛처럼 그렁그렁하는 듯하다. 그러나 필자는 오늘날 박재두 시인처럼 가난을 행복으로 여기며 시를 쓰려는 자가 과연 있을 것인가를 생각해본다. 그러고 보면 필자를 포함한 대부분의 시인들은 소위 "때"가 낀 가난한 족속들이 아니고 무엇인가.

(2) 자연친화와 역사의식

박재두 시인의 시는 자연물을 소재로 한 것들이 주류를 이룬다. 그 중에서도 특히 꽃에 대한 시편들이 많다. 이는 그가 전통적인 소재를 즐겨 쓰는 시인이라는 말도 되지만, 평생토록 고향 일대의 자연을 벗삼아 시를 쓴 향토시인이라는 말도 된다. 그러나 이러한 자연친화적인 시들이 자연 그 자체의 서경만을 노래하지 않는다는 데 그의 시적 특징이 있다. 거기에는 예외 없이 시인의 인생관이나 구체적 삶의 모습 또는 역사의식이 투영된다.

① 몰라 그렇지 하나씩 깨쳐 가면
　숨쉬는 이파리마다 눈물겨운 자랑으로
　지선(至善)한 눈망울들이 반짝이고 있고나.

　깨알같이 볼을 비비며 새기는 목숨이기
　실핏줄 개울마다 더운 입김을 쐬며
　청자빛 하늘 우러러 속엣말을 푸는가.
　　　　　　　　　　　－「풀밭에서」부분

② 아홉 겹 성곽을 헐고 열두 대문 빗장을 따고

바람같이 질러 닿은 맨 마지막 섬돌 앞
뼈끝을 저미는 바람, 추워라. 봄도 추워라

용마루 기왓골을 타고 내리던 호령소리
대들보 쩌렁쩌렁 흔들던 기침소리
한 왕조 저문 그늘이 무릎까지 덮는다.

다시, 눈을 닦고 보아라. 보이는가
칼놀음. 번개 치던 칼놀음에 흩어진 깃발
발길에 와서 걸리는 어지러운 뻐꾸기 울음
―「꽃은 지고」 전문

①에서 시인은 풀밭에 다가가 풀잎을 본다. 풀잎에는 맑은 이슬방울들이 맺혀 있다. 그것을 시인은 "지선(至善)한 눈망울들이 반짝이고" 있다고 표현한다. 풀잎에 시인의 마음이 투사된 까닭이다. 풀잎들은 "볼 부비며 깨알같이" 목숨을 새겨낸다. 깨알 같은 목숨이 무엇일 것인가. 그것은 시인이 목숨처럼 소중히 여기는 시일 것이다. 그래서 또한 풀잎이 하늘거리는 모습을 "청자빛 하늘 우러러 속엣말을 푼다"고 표현하고 있다. "속엣말"은 따라서 내밀한 시인의 언어와 정신이다. 그러니까 이 작품을 통해 우리는 풀잎이라는 자연물에 투사된 시인의 시작관과 정신세계를 읽을 수 있는 것이다.

②는 낙화를 역사의식으로까지 연결시킨 묘사의 절편이다. 꽃이 지는 것을 한 왕조의 몰락으로 보고 있다. 먼저 1연은 바람에 꽃잎이 차례로 지는 모습을 적군들이 성을 부수고 쳐들어가는 전투 상황으로 연결시키고 있다. "아홉 겹 성곽"이나 "열두 대문 빗장", "맨 마지막 섬돌 앞" 등은 낙화의 순차적 과정을 가리킨다. 왕조의 몰락이 백척간두에 다다른 살벌한 상황이다. 그래서 시인은 봄인데도 춥다고 표현한 것이다. 2연은 꽃잎이 떨어져 쌓이는 과정을 왕조의 몰락이 한창 진행되는 상황으로 연결시키고 있다. "호령소리"와 "기침소리"가 궁궐에 가득하고 여기저기 시체들이 난무하는 어지러운 상황 끝에 드디어 한 왕조가 몰락한다. 낙화가 끝난 것이다. 3연에서 시인은 그 상황을 재차 확인하고 있다. 그가 확인한 것은 "번개 치던 칼놀음"과 "어지러운 뻐꾸기 울음"이다. 그것은 피비린내 나는 살생과 아비규환의 울음소리 가득한 현장이다. 따라서 낙화는 왕조의 몰락처럼 자못 비극적이다. 아무튼 정적인 낙화의 정경을 이렇듯 동적인 싸움의 현장으로 바꾸어 놓은 시인의 상상력이 놀랍다.

다음으로, 박재두 시인은 역사의식과 현실인식에 투철한 시인이다. 그것은 민족정서와 비판정신을 통해 나타난다. 특히 일제시대에 태어나고 자란 그의 시의식에는 일제에 대한 강한 저항정신과 민족의식이 뿌리 깊게 남아 있다. 이러한 그의 시의식은 민주화를 위한 투쟁정신으로까지 이어져 가열한 불을 뿜는다.

① 의붓어미 그늘에서 풀물 든 설움이야
　덟은 보릿고개 도토리랑 삼켰다마는
　퍼렇게 민적에 앉은
　식민의 피는 못 지웠다.

　뼈마디 물러앉고도 못 벗은 징용살이
　동자 깊이 박고 간 황토빛 타는 산천
　풀국새
　뭉개진 울음
　쑥빛으로 물드나.

　　　　　　　　　　　　　－「쑥물 드는 신록」 전문

② "지지배,
　지배지배,
　지지배배 지지배배"
　미주알 고주알 낱낱이 뭐라 일러바치는
　발정 난 노고지리 봄하늘을 덮는다.

　"……친외세 반민중의 체제란 허깨비는
　마구잡이로 마구잡이로 갈기갈기 찢어 발겨……

던져라!"

　　(…중략…)

　　화염병
　　꽃불이 퍼져
　　온 광장이 벌겋게……
　　　　　　　　　－「민주화로 오는 봄」 부분

　①은 신록의 빛깔을 통해 일제시대의 민족의식을 한으로 형상화하고 있다. 주지하다시피 우리 민족은 일제라는 "의붓어미 그늘"에서 36년이라는 세월 동안 "풀물 든 설움"을 겪었다. 그리하여 쑥이며 "도토리" 등으로 "보릿고개"를 넘기며 쓰라린 가난을 맛보았다. 그리고는 해방을 맞이했다. 그러나 해방도 우리 손으로 쟁취한 것이 아니었지만, 일제의 잔재 청산마저 이루어지지 않은 상태에서 다시 6·25라는 민족적 비극을 겪음으로써 분단이 고착화되었다. 더구나 일본은 아직도 반성이나 속죄의식이 없이 식민 지배의 정당성을 주장하고 있는 것이 오늘의 현실이다. 그래서 시인의 역사의식은 "퍼렇게 민적에 앉은 / 식민의 피는 못 지웠"으며, "뼈마디 물러앉고도 못 벗은 징용살이"라고 진단한다. 게다가 강제 징용으로 끌려간 동포들이 꿈에도 못 잊을 고향산천을 그리며 아직

일본에서 살고 있지 않은가. 그래서 민족의 설움과 한이 투사된 무구한 "신록"은 색깔이 파란 것이 아니라 퍼런 것이며, 한스런 "풀국새" 울음으로 이 산하가 온통 "쑥빛"으로 물드는 것이다.

②는 민주화 열기로 뜨거웠던 80년대 상황을 대변한 작품으로 읽힌다. 이 작품은 형태 변형도 변형이지만, 무엇보다 구어체를 효과적으로 활용하여 생동감 있게 시위 현장을 담아내고 있는 것이 이채롭다. 워낙 많은 말이 빠르게 난무하는 시의 성격임을 감안한 "……" 처리도 유효 적절하다. 노고지리의 울음소리를 "지지배(계집)", "지배지배(지배)", "지지배배(종달새 울음)"로 구분하여 표현한 것도 재미있다. 이는 그가 얼마나 표현에 민감한 시인인가를 다시 한번 보여주는 증거다.

시인은 하고자 하는 말을 종달새의 지껄이는 소리에 실어 구어체로 표현하고 있다. 종달새 소리는 따라서 모두가 시위 구호에 가깝다. 그 중 핵심 구호는 "친외세 반민중"이다. 얼마나 시인의 비판정신이 격렬한지 종달새는 "마구잡이로 갈기갈기 찢어 발"기라고까지 소리친다. 박재두 시인의 시의식이 80년대라는 격렬한 상황에 얼마나 가까이 다가서 있었으며, 그것을 또한 시조라는 양식에 얼마나 적극적으로 담아냈던가를 알 수 있는 작품이라 할만 하다.

이렇듯 박재두 시인의 시세계는 다양한 형태 실험이나

표현에 대한 섬세한 관심 못지 않게 내용 또한 넓이와 깊이를 지니고 있음을 알 수 있다. 그리고 보면 그의 형태 변주나 섬세한 묘사력은 다양한 내용들을 효과적으로 담기 위한 그릇인지도 모른다.

3. 나오며

지금까지 필자는 박재두 시인의 시세계를 형식과 내용으로 크게 2분하여 들여다보았다. 그것은 형식에 있어서 다양한 변주와 섬세한 묘사력, 내용에 있어서 자기관조와 안빈낙도 그리고 자연친화와 역사의식으로 집약된다. 그것을 다시 한 마디로 표현하면 모국어의 아름다운 조탁과 전통적 가락의 현대적 변용이라 할 수 있다.

박재두 시인의 형태 실험에 대한 관심은 다양하고도 집요하다. 이는 기존 시조의 구조와 율격으로는 다변하고 복잡한 현대성을 살릴 수 없다는 자각에 기초하고 있는 것으로 보인다. 그리고 미시적 관찰을 통한 섬세한 묘사력은 그의 가장 두드러진 시적 특장으로 읽히는 바, 이 역시 현대적 표현미를 극대화하기 위한 전략적 차원으로 보인다. 이 뛰어난 묘사와 변주의 그릇 속에 그의 청빈한 선비정신이 담긴다. 이렇게 볼 때 박재두 시인의 시세계는 형식과 내용의 행복한 조화를 보여준다고 할 수 있다.

이 말은 전통성과 현대성의 행복한 조화라는 의미까지를 동시에 포함한다. 따라서 이러한 박재두 시인의 시적 면모는 지나치게 형태 실험과 시적 기교에만 집착하는 작금의 젊은 시조시인들에게 좋은 귀감이 될 수 있을 것으로 보인다. 시조는 자유시와 다른 변별력이 있어야만 하기 때문이다.

이제까지 살펴본 바, 박재두 시인은 청대같이 청빈하고 결이 곧은 시인이다. 따라서 세한도처럼 단아한 기품과 서늘한 아름다움을 지닌 그의 시들은 우리 현대시조의 값진 유산의 하나로 남을 것으로 확신하면서 이 글을 맺는다.

박재두 연보

1936년   10월 14일 (음력 8월 29일) 경남 통영시 사량면 양지마을에서 2남 4녀의 맏아들로 태어났으나, 호적에는 이듬해의 1936년 10월 3일로 올려져서 개천절을 생일로 썼다.

1944년   4학년 과정을 수료하는 양지공립강습회에 입학, 일제의 식민교육을 받게 되고 이듬해 국민학교로 승격하면서 2학년에 진급하나 일제는 태평양전쟁의 전황이 급박해지자 마을별로 마을반 학습반을 만들어 당산 숲그늘에 모여 공부하던 중 일본의 항복으로 해방을 맞는다. 10월경 개학된 학교에서 한글과 우리말 시작하나 다시 1학년이 된다.

1951년   국민학교를 졸업하자 농부로 만들려는 아버지의 뜻을 어기지 못해 꼴베고 농사일을 거들다 몰래 뛰쳐나와 진학시험을 치고 통영중학에 들어 수학한다.

이어 통영수산고등학교로 진학 시내 고등학생이 연합하여 학생동인 『심해선(深海線)』을 만들어 활동한다.

1958년   부산사범대학 미술과로 진학 학내동인 『구토』를 만든다. 『국제신보』에서 신춘문예를 공모하여 시조를 응모한 바 당선작 없이 문우 이금갑(李金甲)이 가작으로 자신의 시조 「화사(花詞)」가 선외가작으로 지면에 실린다.

이어 60년 부산사하국민학교의 교사로 출발 통영양지국민학교로 옮긴 뒤 5·16이 나고 1년간 군복무를 마치게

	된다. 제대하여 63년 1월 강연옥(姜連玉)과 결혼한다.
1965년	삼천포용산국민학교 재직 중 『동아일보』 신춘문예에 응모한 시조 「목련(木蓮)」이 당선되고 그 해 시조동인 『율(律)』을 결성 창간호를 낸다. 66년에는 한산중학, 67년에는 통영중학 이어 68년에는 통영여중고에서 5년간 교편을 잡다가 72년 진해중학으로 옮겨져 12년간의 공립교사를 사직한다.
1972년	진주에 신설된 삼현(三賢)여중에 부임하여 75년에는 시조집 『유운연화문(流雲蓮花文)』을 내고 이 시조집으로 제15회 경상남도 문화상(76년) 문학부분을 받게 된다.
1976년	한국문협 진주지부 부지부장에 선출되고 이듬해 부정기 문예지 『문예정신(文藝精神)』을 창간 주간을 맡아 이후 12집까지 발간한다. 그 사이 83년에는 진주문인협회 회장(한국문협 진주지부장)으로 선출되어 6년간 지역문학단체의 책임을 맡았다.
1977년	삼현여고로 옮겨 거기서 80년에는 교감으로 9여년를 보냄.
1984년	제5회 정운시조상 수상(「꽃은 만발하여」).
1987년	제4회 성파(性坡)시조문학상 수상(「꽃은 지고」).
1988년	삼현여중 교장으로 부임.
1989년	제11회 가람시조문학상 수상(「바람 없는 날」).
1992년	제1회 이호우문학상 수상(「때 아닌 구름」).
1995년	육당시조문학상 수상.
1997년	경남시조문학상 수상.
	뇌졸중으로 쓰러져 투병 생활을 시작한다.
2001년	시조월드 대상 수상.
2004년	작고.

참고문헌

이우걸, 「시(詩)를 읽는 기쁨」, 『현대시학』 1975년 5월호.
박시교, 「설득력(說得力) – 박재두의 시세계(詩世界)를 중심(中心) 으로」, 『현대시학』 1975년 8월호.
서 벌, 「성사(成事), 그 가능(可能)에의 몸부림」, 『현대시학』 1977년 2월호.
이우걸, 「격조(格調)」, 『현대시학』 1977년 9월호.
김 현, 「존재(存在)의 인식을 향한 모색」, 『현대시학』 1981년 1월호.
서 벌, 「사는 일, 그 놀라움」, 『한국문학』 1982년 6월호.
이상범, 「현대시조에 있어서의 풍류(風流)」, 『시문학』 1982년 6월호.
이우걸, 「시인(詩人)의 눈」, 『현대시학』 1982년 7월호.
김열규, 「한자 올리듯 적는 '율' 동인론」, 율 시조 문학 동인회 지음, 『율동인 시조 선집』(도서출판 나라: 1997년 10월).
이우걸, 「시조동인지의 대명사」, 『율동인 시조 선집』.
이상옥, 「현대 시조의 풍경」, 『율동인 시조 선집』.
민병기, 「정형시와 자유시」, 한국시학회 간, 『한국시학연구』 제4호, 2001년 4월.
이지엽, 「탄력의 미학과 순결의 정죄의식: 박재두 작품론」, 경남 시사랑문화인협의회 간, 『시와 비평』 제8호, 2004년 5월.
박진임, 「운초 박재두의 시조관과 시조 세계 연구」, 한국 현대 문학 연구회 간, 『한국 현대 문학 연구』 15집, 2004년 6월.

민병기, 「한글 문예의 꽃, 운초의 시조」, 『경남문학』 2004년 여름호.
김재홍, 「현대 시조의 한 점검」, 『시조월드』 제9호, 2004년 하반호.